자녀의 성공은
부모의 말에 달려있다

최선의 삶
손안의 문고 시리즈

자녀의 성공은 부모의 말에 달려있다

유동준 지음

도서출판 최선의 삶

부모가 자녀에게 하는 말은 말하자면 모유와 같다. 그래서 말에는 힘이 있다. 말은 자녀를 활동케 한다. 부모가 이것을 인식하는 것은 중요하다. 왜냐 하면 그런 인식 하에서야, 자신이 자녀에게 하는 말이, 자녀의 장래의 어떠함과, 얼마나 밀접하게 연결되어 있는가를 깨달을 수 있기 때문이다.

그래서 부모가 자녀에게 어떻게 말 하느냐 하는 것은, 단순한 단어의 차이가 아니다. 말의 차이는 자녀의 미래의 어떠함의 차이이다.

중요한 것은 부모가 자녀에게 하는 말이 그들에게 어떠한 힘을 행사하는가를 깨닫고, 자녀에게 말을 바로 하려는 부모의 노력인 것이다. 이 책이 그런 깨달음과 노력에의 성찰에 작은 기여라도 할 수 있다면, 그지없는 보람이겠다.

내 자식 하나도 제대로 추스리지 못하는 내게, 이런 류의 글을 쓰도록 채근해주시고, 시간과 힘과 지혜와 생각과 논리를 주신 하나님께 진심으로 감사드린다. 이 작은 원고를 소담하게 만들어 주신 도서출판 최선의 삶 김민영 박사에게 고마움을 전한다.

유동준

차례

제 1 부

부모의 말의 힘

1.1 부모와 자녀와 말

누구나 자녀만은 잘 키우고 싶어한다. 그러나 그것이 그렇게 쉽지 만은 않다. 여러 변수들이 관계되어 있기 때문이다. 그러한 변수 중에 하나가 말이다. 그래서 여기서는 부모의 말이 자녀에게 미치는 힘(power of parent's spoken language)에 대해서 살펴보려고 한다.

부모들은 자녀에게 많은 말을 한다. 아이가 태 중에 있었을 때 부터 말을 건넨다. 유아기, 사춘기, 청년기를 거치면서 특별히 많은 말을 한다. 자녀로부터 "잔소리 좀 그만 하라!" 는 불평을 들을 정도다.

장성한 아들딸을 향해서도 부모는 끊임없이 말한다. 불혹에 접어든 자녀에게도 예외는

아니다. 부모는 그렇게 평생을 자녀에게 말을
하며 사는 존재인지도 모르겠다.

1.2 부모 말의 기능

부모는 자녀에게 말하며 사는 존재이다. 그런데 부모가 자녀에게 하는 말은, 말하자면 모유 같은 것이다. 모유는 신체를 건강하게 한다. 마찬가지다. 부모의 말은 아이의 정신과 사고를 건강하게 한다. 방정식으로 그리면 다음과 같다.

(방정식)
모유 : 신체건강 = 말 : 정신건강

모유는 아이의 뼈와 살을 키운다. 말은 아이의 정신과 영혼을 건강하게 한다. 그래서 성장기의 자녀에게 부모가 어떠한 말을 하느냐 하는 것은 그 영향력이 심대하다. 아이의 장래의 사람됨이 부모의 말을 통해서 좌우된다고 생각하면 틀림없다. 왜 그럴까? 부모 말이 가진 두 가지 기능 때문이다. 다음을 보자.

> (1) 부모의 말을 통해서 아이는 사람이 되어 간다.
> (2) 부모의 말을 통해서 아이는 보호를 받는다.

(1)은 자녀의 사람됨은 부모 말에 달려있다는 말이다. 이에 대해서는 제 2, 3부에서 상론될 것이다. 여기서는 논하지 않겠다. (2)는 부모 말이 보호막 역할을 한다는 것이다. 이에 대해서는 간략히 살피기로 하겠다.

우리는 현존하는 세상에 산다. 천국에 사는 것이 아니다. 그런데 세상에는 온갖 위험들이 산재해 있다. 대부분이 다 아이를 해하기 십상인 것들이다. 아이가 접하지 말아야 할 것들이다. 부모의 말은 바로 그런 해악들로부터 자녀를 보호하는 보호막 역할을 한다. 이해를

돕기 위해 예를 들기로 하겠다.

우리는 태양 광선에는 일곱 가지 색깔이 있다고 인식한다. 빨, 주, 노, 초, 파, 남, 보가 바로 그것이다. 왜 우리가 이렇게 인식하는가?

해당되는 말이 일곱 가지 뿐이기 때문이다. 생각해보자. 태양광선의 가지 수가 정말 일곱 개 뿐인가? 아니다.

빨강 색과 주황색에 분명한 경계가 있는가? 아니다. 빨강과 주황사이에 빨강도 아니고 주황도 아닌, 제 삼의 색이 있다. 주황과 노랑사이에도 마찬가지다.

결국 태양광선의 색깔에는 수천, 수만 가지가 있을 수 있다. 그런데 왜 그 색들을 인식을 못하는가? 그 색에 대한 말들이 없기 때문이다. 만일 그 수천, 수만에 해당하는 색깔을 지시하는 말이 있었다고 가정해보자. 그렇다면 우리는 그 많은 태양 광선을 다 인식하게 되었을 것이다. 그것은 재앙일 것이다. 과다 자극을 피할 길이 없기 때문이다. 우리 눈이, 우리 피부가 어떻게 그 과다 자극을 감당할 수 있을까? 없다.

다행히 태양 광선을 나타내는 말은 일곱 가지 뿐이다. 그래서 우리는 실재하는 태양광선의 가지 수를 다 인식하지 못한다. 말이 막아주고 있기 때문이다. 바로 이것이 말의 보호막 역할이다. 부모의 말이 자녀에 대해서 바로 이런 역할을 하고 있다.

또 다른 예를 들어보자. 이 자연계에는 수많은 바이러스들이 있다. 소리도, 먼지도, 균도 그 종류가 천문학적이다. 이들을 지시하는 말이 일일이 다 있다고 가정해보자. 그러면 그 말들을 통해서, 우리는 그것들을 다 인식하게 될 것이다. 그렇게 된다면 한시도 견뎌내지 못할 것이다. 그 수만 가지의 소리에 상응하는 말이 있고, 그 말을 매개로 귀가 그 소리들을 다 인식할 것이기 때문이다.

다행스럽게 자연계에 실재하는 그 모든 소리와 먼지와 균에 일대 일로 대응하는 말은 없다. 대응하는 말이 없으니 인식을 못한다. 인식을 못하니 감각이 안 된다. 감각이 안되니 과다 자극하고 말고가 없다. 이게 바로 말이 가진 보호막 구실이라는 것이다. 부모 말도 마찬가지다.

아이들이 살아야 할 곳은 이 세상이다. 이 세상은 천국이 아니다. 천사들이 사는 곳이 아니다. 좋은 사람만이 사는 곳이 아니다. 아이에게 유익된 일만 일어나는 곳이 아니다. 오히려 그 반대다. 온갖 사람이 다 산다. 오만 가지 해악들이 다 벌어진다. 아이들은 태어날 때부터 그 해악들에 노출되어 있다.
그래서 적정한 선에서 보호를 받아야 한다. 해악들은 여과되어야 한다. 바로 그 보호막 역할을 하고 있는 것이 부모의 말이다. 그림으로 그려보면 다음과 같다.

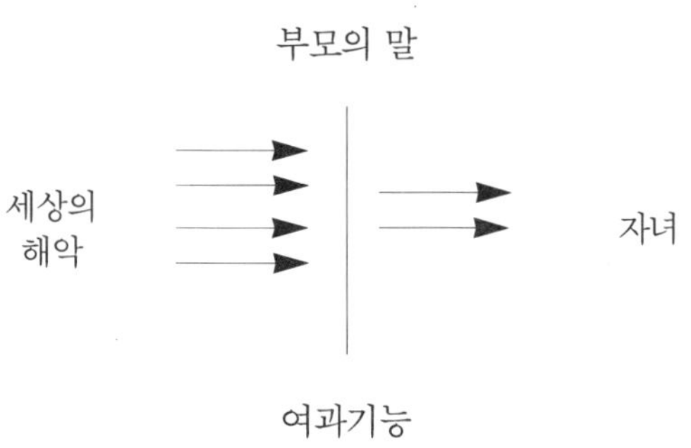

  이 책의 2, 3부에서 다시 상론하겠거니와, 위의 그림이 보여주는 바는 명확하다. 부모의 말을 통해서 자녀에게 유익된 요소들은 통과된다. 그러나 자녀에게 해악되고, 상처되고, 생채기를 내는 요소들은 여과된다. 이 기능을 하는 것이 부모의 말이다. 바로 이렇기 때문에 부모는 말을 조심해야 한다.

  "내가 낳은 내 자식한테, 내가 내 마음대로 말도 못하고 사느냐는 식의 오기를 부릴 때가 아니다. 자식에게 생각 없이 막 말할 때가 아니다. 자식에게 막 말을 해대는 것은, 해악으로부터 자녀를 막아주고 보호해주고 여과해주는 보호막 구실을 하기는커녕, 세상의 온갖 해악을 자녀에게 그대로 유입시키는 것이 된다. 이래서 부모의 말은 아주 중요하다. 정확해야 한다. 올발라야 한다. 사려 깊어야 된다. 자녀에게 하는 말에 조심 또 조심해야 한다.

그렇지 못하면, 사후약방문식이 된다. 초기에 말에서 어그러지면 이후에는 다 어그러진다. 말에서 실패하면, 호미로 막을 것을 가래로도 못 막는다. 여기서 틀리면 영재교육, 천재교육 아니라 별별 교육을 다 시켜도, 무위로 돌아간다. 그래서 성경은 말은 인생을 움직이는 열쇠라고 정의하고 있다.

"우리가 말을 순종케 하려고 그 입에 재갈먹여 온 몸을 어거하며 또 배를 보라 그렇게 크고 광풍에 밀려가는 것들을 지극히 작은 키로 사공의 뜻대로 운전하나니 이와 같이 혀도 작은 지체로 되 큰 것을 자랑하도다 보라 어떻게 작은 불이 어떻게 많은 나무를 태우는가 혀는 곧 불이요 불의의 세계라 혀는 우리의 지체 중에서 온 몸

을 더럽히고 생의 바퀴를 불사르나니 그 사르는
것이 지옥 불에서 나느니라" (약 3:3-6)

제 2 부
부모 말의 세 가지 기능

2.1 부모의 말의 세 가지 기능

앞에서 우리는 (1)부모의 말을 통해서 아이는 사람이 되어가며 (2)부모의 말을 통해서 아이는 보호받는다는 점에 대해서도, 개략적으로 살폈다.

부모는 자식에게 많은 말을 건네지만, 그러나 분류하면 다음과 같이 나뉘어질 수 있다.

(1) 정서를 표현하는 말
(2) 행동을 지시하는 말
(3) 정보를 제공하는 말

이제 이들 기능에 대해서 하나씩 살펴보기로 하자.

2.2 정서를 표현하는 말

정서를 표현하는 말은, 부모가 자신의 정서의 어떠함을 자녀에게 나타내는 말이다. 정서라고 했지만, 실은 감정, 기분까지도 다 포함한다. 정서를 표현하는 말의 전형적인 예로는 다음과 같은 것들이 있을 수 있다.

(가) "아빠는 너를 언제나 사랑한단다."
　　"너는 어쩜 그렇게 그림을 잘 그리니?"
(나) "넌 천덕꾸러기야! 알아?"
　　"옆집 영희는 백 점도 잘 맞아오는데 넌 허구헌 날 육십 점이냐? 이 엄마는 너 때문에 정말 남 보기 부끄러워 죽겠다."

(가)에 나타난 정서는 애정이다. 반면 (나)

에는 자녀를 향한 부모의 짜증이 나타나 있다. (가)의 종류든 (나)의 종류든, 일단 부모의 입에서 떨어진 이 말들은 파장이 크다.

왜냐하면 자녀들은 이 말들을 근거 삼아서 부모가 자신에 대해서 어떻게 생각하고 있는지를 판단하기 때문이다. 즉 부모가 하는 말을 통해서, 부모가 자신에 대해서 가진 생각을 분별한다는 것이다. 이래서 성경은 사람에게는 다른 사람이 자신에 대해서 하는 말을 통해서, 그 사람의 생각을 분변하는 능력이 있다고 지적하고 있는 것이다.

"입이 식물의 맛을 변별함 같이 귀가 말을 분변하나니" (욥 34:3).

'분변하다' ─부모가 자신에게 하는 말속에서, 부모의 자신에 대한 정서를 간파한다는 말이다. 문제는 그 파장이다. 즉 (1)아이는 부모가 자신에 대해서 하는 말을 듣는다→ (2) 그 말을 통해서 부모가 자신에 대해서 가지고 있는 정서를 분변한다→ (3)그리고 그것을 '참'으로 믿어버린다. 바로 이 싸이클 때문에 문제가 된다.

그런데 부모의 말에 담긴 정서는 위에서 예를 든 대로, (가)아니면, (나)일 수 밖에 없다. 따라서 부모 말을 듣고, 그 말을 통해서 아이가 설정하게 되는 부모와 자신과의 관계는, 다음과 같은 두 가지 중에 하나 일 수밖에 없다.

긍정관계 : "아! 부모가 나를 사랑하시는구나!"
부정관계 : "부모가 나를 싫어하고 귀찮게 생각
　　　　　하시는구나!"

긍정관계는 부모가 자신을 사랑하고 있다고 판단하는 것이다.

부정관계는 부모가 자신을 싫어하고 있다고 판단하는 경우다. 부모가 자신을 귀찮게 여기고 있으며, 자신을 무시하고 있다고 속단하는 경우다.

이렇게 아이들은 부모 말을 듣고, 부모와의 관계를 긍정관계로든 부정관계로든, 설정하게 된다. 이렇게 되면 부모자식간의 관계에 오작동이 생길 수밖에 없다. 후유증이 크다. 문제가 심상치가 않게 된다.

그런데 더 큰 문제는 아이들은 자신이 설정한 이 관계를 다른 사람과의 관계에도 설정해나가게 된다는 점이다. 즉 부모와 긍정관계를 설정한 아이는, 형이나 동생 또는 부모 외에 다른 모든 사람과의 인간관계도 긍정적으로 설정해나간다.

물론 그들과 관계가 막힐 수도 있다. 그렇다 하더라도, '부모가 나를 사랑하고 있다' 는 그 생각이 그 아이로 하여금 자신감을 갖게 한다. 자긍심을 갖게 한다. 그런 자신감과 자긍심이 있기 때문에 다른 사람과 문제가 생겼을 때도, 곧 잘 풀어나가게 된다.

그러나 부모와의 관계를 부정적으로 설정한 아이는 그렇지 못하다. 사람과의 관계를 잘 풀어나가지 못한다. 전전긍긍한다. '나를 낳아준 부모가 나를 싫어하고 나를 귀찮아한 다' 는 생각을 가지고 있으니, 일이 제대로 될 리가 없는 것이다. 그래서 처음에는 좋은 관계를 가져도 그게 지속이 안된다. 부모하고 관계를 부정적으로 설정해 놓았으니, 매사에 자신감이 없는 것이다. 그래서 걸핏하면 사람 하고 다툰다. 매번 싸운다. 갈등한다.

　이 모든 것이 바로, 부모 입에서 떨어진 말 을 듣고, 거기서 자신과 부모와의 관계를 어 떻게 설정했느냐 하는데서 기인된 것이다. 부 모의 정서를 나타내는 말은 그만큼 파장이 크 다.

2.3 행동을 지시하는 말

행동을 지시하는 말은, "이것을 해라" "저것을 하지 말라"하는 말이다. 자녀에게 어떤 행동을 하도록 지시하는 말이다. 또는 하지 말도록 명령하는 말이다. 예를 들면 다음과 같은 말들이다.

"거짓말 하지 말라!"
"성실하게 살아야 한다"
"네가 손해보더라도 남을 속여서는 안 된다."
"참을 인이 세 번이면 살인도 면한다고 했다. 어떠한 일이 있더라도 우선 참도록 해라!"

이런 말들을 통해서, 아이들은 도덕적 존재로 커 나가게 된다. 선악을 분별할 줄 아는 아이로 자라나간다. 해야 할 것과, 하지 말아야 할 것을 분간할 줄 알게 된다. 공중도덕, 기본적인 예의범절, 줄서기, 차례 지키기가 왜 필요한지 터득하게 된다. 남과 더불어 사는 법도 알게 된다. 이 모든 것이 바로 행동을 지시하는 부모의 말을 통해서 이루어진다.

이 뿐인가? 악한 친구, 깽단, 담배, 동성애, 마약 등등 악의 유혹들을 거부할 수 있는 힘을 배양하게 되는 것도, 바로 부모의 행동을 지시하는 말을 통해서, 습득되어지는 도덕률이다. 바로 이래서 부모의 행동, 지시적 말은 중요하다. 그런 만큼 역작용도 크다.

예를 들어서 부모가 자녀에게 다음과 같은 행동을 지시했다고 하자.

"애, 쓰레기 말야, 슬쩍 저쪽에 버리고 와."
"전화 오면 아버지 없다고 그래라."
"너 똑똑히 알아야 해. 사람은 무슨 수를 써서라도 우선 이기고 봐야 한다."
아이가 이런 말들을 들으며 자라났다고 하

자. 그 아이가 나중에 커서, 기본적인 도덕률을 지킬 수가 있을까? 답은 자명하다. 그럴 수 없다. 그렇게 안 된다.

사람은 들은 것을 드러내는 존재이다. 악한 말을 듣고 자라면 행동이 악하게 나온다. 헛된 말을 듣고 자란 아이는 그 언사가 바를 수 없다.

망령된 말들 들으면 그런 심령이 표출된다. 이것은 원리이다.

바로 이래서 자녀가 한 사회의 최소한의 도덕률이라도 준수하는 아이로 커나가느냐, 아니면 자기만 아는 아이로 커나가느냐 하는 것은 부모의 말에 달려있는 것이다. 부모가 말을 조심해야 하는 이유도 바로 여기에 있다.

2.4 정보를 제공하는 말

아이들이 세상과 사물과 현상에 대한 지식을 전수 받게 되는 것도 부모의 말을 통해서이다. 이것을 정보제공적 말이라고 한다. 예를 들면 다음과 같다.

"둘 더하기 넷은 여섯이다."
"북한은 아직은 공산주의 국가다."
"비행기가 뜨는 것은 양력(揚力) 때문이다."
"농구는 5명이 하는 것이다."

부모의 이런 말들을 통해서, 아이들은 세상과 사물과 현상에 대한 지식을 습득하게 된다. 그 동안 잘못 알고 있던 지식을 수정하게 된다. 이미 알고 있었던 지식들은 재확인하는 작업을 한다. 새 지식은 계속 추가한다. 이 모든 것이 다 부모의 말을 통해서 이루어지는 일들이다.

그러므로 아이가 무엇을 물어올 때, 성의 있게 대답해주어야 한다. 모르는 것이 있을 수도 있다. 그렇더라도 얼버무리면 안 된다. 정 모르는 게 있다면, "나중에 자세히 알아서 일러주겠다"고 하면 되는 것이다. 야단치고 무안주지 말아야 한다.

아이들을 이해해야 한다. 아이들은 모든 것이 다 새롭다. 그래서 알고 싶은 것이 많다. 모든 게 신기해 보인다. 그래서 이것저것 끊임없이 물어온다. 그런데 부모가 성의 없이 대답해버렸다 하자. 그게 반복된다고 하자.

아이들이 지식 습득 의욕을 상실하게 될 것은 당연지사이다.

"아빠! 눈은 왜 오는 거야?"
"응 겨울이니까 오는 거야!"
"그런 게 어디 있어. 아니 눈이 왜 겨울에 오는

거냐고요?”

“아니, 이 멍충이야! 겨울이 되니까 눈이 오는 거지. 아니 눈이 여름에 오냐, 눈이 여름에 오면 좋겠냐고. 그런 쓸데없는 생각 말고 저리 가서 공부 못해.”

“아니, 아빠 눈이 왜?.................”

“아 저리가, 가서 공부해. 공부도 못하는 게 쓰잘 데 없는 질문만 하네.”

“   ”
....

아이들의 지식 습득 의욕을 꺽는 전형적인 태도이다. 부모가 이 태도를 안 고치면, 가공할 일이 발생한다. 극단의 경우지만, 공부라면 치를 떠는 아이들이 되어 버릴 수 있다. 이것은 다 부모가 만든 일이다. 부모가 자초한 일이다.

물론 부모에게도 사정은 있다. 지식에 한계가 있다는 것일 것이다. 그렇다고 나무라는 것은 대안이 아니다. 호통치는 것은 더구나 대안이 아니다. 무엇이 대안인가? 다른 사람의 지혜와 지식과 경험을 빌리면 된다. 그게 뭐냐? 책이다. 책을 통해서 부모가 모르는 정보를 습득할 수 있다. 그래서 자녀들에게 책 읽어주기는 중요하다. 가히 절대적인 영향력을 끼친다.

　우리는 (1)정서를 표현하는 말 (2)행동을 지시하는 말 (3)정보를 제공하는 말이 각각 무슨 의미인지를 살폈다. 이제 다음 장에서는 이들에 대해서 보다 구체적으로 알아보기로 하겠다.

제 3 부
부모의 말을 통해서 형성되는 자녀의 삶

3.1 부모 말로 인해 열려지는 세상

앞서 우리는 성장기의 자녀의 앞날의 많은 부분이 부모의 말에 의해서 좌우된다는 것을 살폈다. 그것이 정서 표현적 말에 의해서든, 행동 지시적 말에 의해서든, 또는 정보제공적인 말에 의해서든, 아니면 이 세 기능이 혼합되어 있는 말에 의해서든, 성장기의 자녀는 부모의 말에 의해서 지대한 영향을 받고 자란다. 이것이 앞에서의 우리의 논지였다.

이제 그 영향력의 실재에 대해서, 여기서 좀 상세히 알아보기로 하겠다. 편의상 정보제공적인 말을 먼저 예로 들어보기로 하자.

앞서 언급한 것처럼, 아이들은 궁금한 게 많다. 알고 싶은 것이 많다. 한 두 가지가 아니다. 그래서 자주 물어온다. 특히 처음 접하는 사물과 현상에 대해서는 더 더욱 그렇다. 알고 싶어 안달을 한다. 그래서 질문하고 싶어한다. 물어보고 싶어한다. 그러면 누구에게 묻게 되느냐? 가까이에 있는 사람이다. 아이들에게 있어 가까이 있는 사람은 부모다. 그래서 아이들은 부모에게 이것저것 물어온다. 귀찮을 정도로 물어온다. 물은 것을 또 물어온다. 시시때때로 묻는다. 바로 이 때문에 부모의 말은 정확해야 한다. 올바른 것이어야 한다.

예를 들어보자. 책상 위에 어떤 병이 하나 있다 하자. 편의상 '간장병'이라고 하자. 아이로서는 처음 보는 병이라 하자. 아이가 궁금해하는 것은 인지상정이다. 그래서 그게 무엇인지를 알고 싶어한다. 그래서 부모에게 물어온다. 부모가 '간장병이다.'고 답했다고 하자. 아이는 '간장병이다.'고 하는 부모의 말을 통해서 그것을 '간장병'으로 인지하게 된다. 바로 이 방식이다. (1)처음 접하는 것들에 대해서 물어온다 → (2)답한다 → (3)지식들을 하나씩 습득해나간다.

바로 이 과정 때문에, 부모의 정보제공적인 말은 올바른 것이어야 한다. 틀리면 나중에 복잡해진다. 얼마나 복잡해지느냐? 앞서 예를 든 책상 위에 있던 병이 무엇인지를 몰라 궁금해서 물어오는 아이에게, 부모가 그것을 '콜라병'이라고 틀리게 대답했다고 하자. 무슨 일이 벌어질 수 있겠는가? 극단적인 경우지만, 아이는 그게 정말 콜라인줄 안다. 들이마실 수도 있는 것이다. 이렇게 본다면 부모가 자녀에게 하는 말은 그냥 말 만은 아니다.

단순한 부모 자식간의 의사소통만은 아니다. 그것을 넘어서는 의미가 있다. 그게 뭐냐? 부모가 자녀에게 하는 말은, 자녀로 하여금 세상을 알아가게 하는 방편이다. 자녀로 하여금 사물과 현상에 대한 바른 지식을 습득케 해주는 방편이다.

바로 이래서 부모의 말은 중요하다. 자녀의 앞날을 좌우할 수 있다. 부모 말 때문에 자녀를 살릴 수도 있다. 부모 말 때문에 아이가 방가뜨려질 수도 있다. 그렇다. 부모 말은 자식에게 세상을 열어주는 방편이다. 그래서 부모 말은 너무도 중요하다. 반드시 올바른 것이어야 한다.

3.2 자녀의 인식을 주조하는 부모의 말

앞에서 우리는 아이들은 부모 말을 통해서 세상을 알아간다는 것을 살폈다. 그런데 부모가 하는 말을 통해서 아이들이 세상을 인식하고, 부모가 하는 말을 통해서 아이들이 세상을 파악해나가는 것은, 우리 주위에서 말과 관련된 사안을 통해서 흔히 목도될 수 있다.

일례로 맛에 대해서 생각해 보자. 우리는 맛에는 쓴맛, 짠맛, 매운맛, 단맛, 신맛 다섯 가지가 있다고 인식한다. 왜 이렇게 다섯 가지로만 인식하는가? 맛을 분류하는 말이 다섯 가지뿐이기 때문이다. 쓴맛과 짠맛 사이에, 어떤 확연한 경계선이 있는 것은 아니다. 어디서 어디까지는 쓴맛이고, 그 다음 어디부터는 짠맛이다 하는 경계선은 없다. 쓴맛과 짠맛 중간에, 쓴맛도 아니고 짠맛도 아닌, 제 삼의 다른 맛이 있을 수 있다.

만일 쓴맛과 짠맛 사이에, 쓴맛도 아니고 짠맛도 아닌 중간 맛을 지칭하는 말이 있었다고 하자. 그러면 우리가 그 맛도 인식해 낼 수 있었을 것이다. 그러나 그 맛을 지칭하는 말은 우리말에는 없다. 그래서 우리가 그 제 삼의 맛을 인식하지 못하고 있는지도 모른다. 말이 사람의 인식습득을 주도하는 방편이라는 사실을 보여주는 예이다. 이들 예가 시사하는 바는 명료하다. 우리가 지금 보고, 느끼고, 맛보고, 듣고, 경험하는 세계는, 실제 세계가 아니다. 실제 세계를 그대로 우리가 인식하고 있는 것이 아니다. 그게 아니라 말이 보여주는 세계를, 보고 있는 것뿐이다. 그렇다! 우리는 말이 분류해주는 대로, 사물과 현상을 인식하고 있다. 이게 말이 가진 힘이다.

마찬가지다. 아이들은 부모의 말이 보여주는 대로 세상을 본다. 부모가 그것이 ㅇ이라고 하면, ㅇ인줄 안다. 부모가 그것을 ㅅ이라고 하면, 그게 사인줄 안다. 부모의 말이 분류해주는 대로 자녀는 세상을 인식한다. 여기서 우리는 중요한 정리 하나를 하게 된다. 다음이 바로 그것이다.

(정리)
오늘 내 자녀의 모습은, 실은 부모 된 나의 말이 빚어낸 결과이다.

위의 정리의 의미는 간명하다. 오늘 내 자녀의 모습은 과거에 내가 자녀에게 던진 말의 반영이다. 둘은 함수관계에 있다. 예를 들자.
오늘 내 자녀의 행동거지가 ㅁ이라는 양상을 띄고 있다고 하자. 그것은 실은 그 아이가 태어나서부터 유아기, 유치기, 유년기, 사춘기에 이르는 시기에, 나로부터 ㅁ의 말을 들으면서 성장한데 따른 결과이다.
무서운 사실이다. 이것을 성경은 다음과 같이 경고하고 있다.

"네 입의 말로 네가 얽혔으며 네 입의 말로 인
하여 잡히게 되었느니라" (잠 6:2)

위의 경고는 너무도 실제적이다. 자녀가 사
고방식이 ㅂ이라는 사고방식을 갖고 있다면,
그것은 부모인 나로부터 ㅂ이라는 말을 내내
듣고 자라난 결과라는 것이다. 두려운 일이
다. 두려워해야 하는 일이다. 다음 말들을 보
자. 부모가 화가 나서 하는 말들을 모은 것이
다.

"아휴 이 등신아!"
"굼벵이처럼 뭘 그렇게 꾸물거리니."
"이 칠칠치 못한 녀석아, 그것도 못하니!"
"이 녀석이 아직도 정신을 못 차리고. 너 더 맞
아야 정신이 퍼뜩 들겠니?"
"너는 왜 애가 항상 그 모양이니!"
"너는 뭐하나 제대로 하는 것도 없이 밥만 축내
는 놈이야 알기나 알아. 이 밥벌레야!"
"어린놈이, 부모가 하라면 하는 거지, 쪼만한

녀석이 웬 잔소리야!”
“저 먹는 것 좀 봐! 내가 미쳐! 하옇튼 먹는 것
까지 지아비 닮아 가지고.”
“네 까짓게 무슨 용돈이야! 먹여주고 입혀주고
학교 보내주는 것만도 다행인 줄 알아!”
“하여간 자식이 웬수야! 웬수! 너한테 기대했던
내가 바보지.”
“이걸 공부라고 한 거니? 응! 니 형 절반만 닮
아라. 절반만이라도 닮으라고.”

아이가 부모로부터 내내 이런 말을 듣고 자
랐다 하자. 그 아이가 걸을 여정은 뻔하다.
(1)그는 자신을 정말 ‘애물단지’로 믿는다→
(2)자신이 ‘애물단지’인 것처럼 행동하고 말
한다→ (3)정말 ‘애물단지’가 되어 버린다.
가공할 일이다. 이것은 극명한 이치이다. 이
론이 있을 수 없는 원리이다.
그렇지 않겠는가? 사람이란 어차피 들어있
는 것을 밖으로 드러내는 존재다. 마음이 선
으로 채워져 있으면 선한 것을 낸다. 악이 채

워져 있으면 악을 낸다. 거부감으로 가득 채워져 있는데, 건강할 수가 없다. 인간관계든 세계관이든 인생관이든 피폐해질 수 밖에 없다. 이것을 성경은 다음과 같이 정의하고 있다.

"나무도 좋고 실과도 좋다 하든지 나무도 좋지 않고 실과도 좋지 않다 하든지 하라 그 실과로 나무를 아느니라 독사의 자식들아 너희는 악하니 어떻게 선한 말을 할 수 있느냐 이는 마음에 가득한 것을 입으로 말함이라 선한 사람은 그 쌓은 선에서 선한 것을 내고 악한 사람은 그 쌓은 악에서 악한 것을 내느니라" (마 12:33-35)

다시 강조한다. 이 말씀의 의미하는 바는 명확하다. 아이의 마음에 ㄴ이 채워져 있으면, 밖으로 ㄴ이 나올 수 밖에 없다. 마음이 ㄷ만 쌓여있으면 ㄷ밖에 나올 것이 없다. 안에 가득 ㄷ뿐 인데, 밖으로 ㄱ이 나올 수는 없는 것이다. 들어간 것이 나오는 법이다. 마음에 채워져 있던 것이 넘치는 것이다. 부모의 신경질을 내내 듣고 자란 아이는 대인관계에서 작은 갈등만 생겨도 짜증과 분기를 표출한다. 자조적이고 자괴적인 말만 듣고 자란 아이는 나중에 무엇을 해도 피해 의식이 가득 차 있다. 이것은 공식이다. 이것이 바로 부모가 말을 조심해야 하는 소이(所以)다.

3.3 자녀를 망가뜨리는 말들

앞에서 우리는 비하적인 말을 듣고 자란 아이가 보는 세상은 비하적일 수 밖에 없다는 것을 살펴 보았다. 그 아이가 세상을 비하적으로 비판적으로 볼 것은 당연하다. 그래서 치유 받지 않는 한, 하는 일 마다 비하적인 태도를 견지할 것은 뻔하다. 바로 이래서 부모의 말은 중요하다.

이제 이런 측면에서 아이를 망가뜨리는 말들 몇 가지를 소개하려 한다. 다음에 소개되는 말들은 년 전에 대학부 학생들을 대상으로 집회하면서 수집한 말들이다. "과거에 부모로부터 들었던 말 중에 가장 큰 타격이 되었던 말을 하나씩만 적어 보라"는 설문에 가장 빈번히 답한 말들을 여기 소개한다.

"빨리! 빨리! 빨리 못해!"

"쪼그만 놈이 뭘 안다고 나서! 이 녀석아."

"엄마는 공부 못한 것이 지금도 한이 된다. 너라도 공부 잘해서 이 엄마의 한을 풀어주어야 해. 알겠니?"

"굼벵이도 구르는 재주는 있다더니! 네가 이 어려운 것을 다 하고. 세상 오래 살고 볼 일이다."

"아빠는 공부 못해서 맨 날 승진도 못하고 저 모양이다. 너도 아빠 짝 나지 않으려면 공부 잘해!"

"뭘 생각하는 거야? 빨리 대답 안 해!"

"아니, 날마다 소설책만 읽을 거니? 소설책 읽어서 밥이 나오냐! 금이 나오냐!"

"어린것이 별 것을 다 묻는구나! 어린애는 그런 것 몰라도 돼."

"숙제 다 했니? 숙제나 좀 하고 놀아라."

"컴퓨터만 하지 말고 공부 좀 해라. 공부 좀 해."

"넌 아직 안 돼. 주먹만한 것이 뭘 한다고 나서. 관두지 못해."

"너 실패하면 안 된다."
"엄마 말은 이제 아예 듣지도 않겠다 이거냐?"
"그거 그만하지 못해."
"부모가 하라면 하지. 뭔 말이 그렇게 많아. 당장 하지 못해!"
"이 장난감 썩 치우지 못해!"
"여자는 여자답게 놀아야지."
"이 녀석 그렇게 맞고도 정신을 못 차렸구나. 넌 더 맞아야 하겠다."
"한번만 그런 짓 하면 가만 안 두겠다. 알아서 해라."
"손모가지 부러뜨려버리기 전에 그거 그만 두지 못해."
"보자. 보자 하니까 이 놈이, 똑 바로 하지 못해!"
"이 골통아, 엄마가 이렇게 제발 부탁한다. 좀 해라."
"어른한테는 무조건 복종하는 거야."
"왜 이렇게 엄마를 귀찮게 구니? 하여튼 넌 참 귀찮은 아이야.

"공부 안 하려면 엄마라고도 부르지마. 나는 너처럼 공부 못하는 자식은 둔 적이 없어."
"한번만 그런 짓 하면 용서하지 않을 거야. 각오해. 알았어!"
"너, 집에 가서 두고 보자."
"아니, 어제 사준 장난감을 다 부셔버려. 다시는 사주나 봐라!"
"오냐, 오냐, 했더니 부모 머리끝까지 올라."

깡패가 하는 말들이 아니다. 악한이 하는 말이 아니다. 부모가 하는 말이다. 부모가 자식들에게 하는 말이다. 정서표현적인 말들도 있다. 행동 지시적인 말들도 있다. 정보제공적인 말들도 있다. 셋이 혼재되어 있는 말도 있다. 그러나 어떻든 부모의 자녀에 대한 감정이 그대로 노출 되어 있는 말들이다.

문제는 이런 말들을 듣고 자라 난 아이이다. 그 어린 마음에 이런 말들은 차곡차곡 쌓이게 된다. 그것은 부모를 포함해서 사람과의 관계를 맺어 가는데 큰 장애로 등장한다. 거친 말이 어린 마음에 생채기를 내었기 때문이다. 그것이 자랐기 때문이다. 그래서 성경은 패려한 마음은 사람의 마음을 상하게 한다고 경고하고 있다.

"온량한 혀는 곧 생명 나무라도 패려한 혀는 마음을 상하게 하느니라" (잠 15:4)

해독은 이뿐이 아니다. 위와 같은 말들을 듣고 자란 아이는 마치 부모로부터 젖을 받아먹지 못한 아이와 같아진다. 젖을 받아먹지 못하면 건강을 해친다. 그러나 양분 있는 말을 받아먹지 못하면 아이는 전체가 피폐해진다. 말라 비틀어진다. 고사(枯死)된다. 죽는다. 뻔한 이치다. 부모 말을 통해서 양분을 받아먹어야 하는데, 부모의 말을 통해서 정보도 사랑도 감성도 도덕도 터득해 나가게 되는데, 양분들을 제대로 수유 받지 못하니, 아이가 피폐해지는 것이다. 그래서 성경은 이렇게 경고하고 있다.

"죽고 사는 것이 혀의 권세에 달렸나니 혀를 쓰기 좋아하는 자는 그 열매를 먹으리라" (잠 18:21)

논점은 이것이다. 말을 조심해야 한다. 내가 낳은 내 자식이라고 함부로 말하지 말아야 한다. 자녀를 키우다 보면, 자식이 미워질 수도 있다. 부화가 날 수도 있다. 그렇다 하더라도, 다른 방법으로 처리를 해야 한다. 그것을 말로 터뜨려 놓으면 문제는 커진다.

일단 부모의 입에서 떨어진 그 말은 주워담을 수가 없다. 취소할 수가 없다. 취소한다고 해서 취소가 되어지지도 않는다. "안들은 것으로 하자"고 한다고 그게 그렇게 안 된다. 한번 쏟아진 말은 쏟아진 말이다. 되돌릴 수가 없다. 부모 말의 파장은 심대한 것이다. 자녀에게 하는 말—조심 또 조심해야 한다.

제4부

부모의 말,
어떠해야 하는가?

4.1 빈말과 찬말

　앞에서 우리는 자녀의 인생은 결국 부모의 말이 빚어내는 결과라는 점을 살폈었다. 그러면 어떻게 해야 하느냐? 대안은 무엇이냐? 이 점에 대해서 살펴보기로 하겠다.

　우선 부모가 하는 말은 다음과 같은 두 가지로 나뉘어 질 수 있다.

(1) ‘빈말’ =말만 하는 말
(2) ‘찬말’ =인격과 삶이 실린 말

　(1)의 ‘빈말’ 이란 말, 말뿐인 말을 이른다. 쉽게 말해서 부모가 하는 말 다르고 부모가 사는 것 다른 말을 이른다.

　부모가 자신은 거짓말을 밥먹듯 하면서도,

자녀한테는 "거짓말하지 말라"고 한다든지, 자신은 불성실하게 나태하게 살면서도 자식한테는 "성실하게 살라"고 역정을 낸다든지-이게 다 '빈말'이다. 부모가 이런 '빈말'을 계속하면 하면, 후유증은 심대하다.

'빈말'은 말하자면 말의 '때'다. '때'는 몸에 생기는 것이다. 몸을 자주 안 씻으면 '때'가 생긴다. 마찬가지다. 말에도 '때'가 생길 수 있다. 어느 때 생기느냐? 사람이 말 만 할 때다. 그 말한 것을 자신의 삶 속에서 실천하는 것이 없을 때다. 이때 어김없이 '말의 때'는 생긴다. 문제는 여기서 시작된다.

일단 '말의 때'가 생기게 되면, 그 '때'를 벗겨내기가 쉽지 않다. 몸에 긴 '때'는 비누로 씻으면 어떻든 씻겨진다. 그러나 '말 때'는 다르다. 한번 끼면 쉽게 지워지지 않는다. 그 사람 평생을 따라 다닌다. 그래서 그가 무슨 말을 한다해도, 이제는 믿어주지를 않는다. 그의 말에 공신력이 없어진다. 위엄도 없어진다. 이게 바로 '빈말'의 패악이다.

마찬가지이다. 자녀가 볼 때 "우리 부모가 하는 말은 다 빈말이다!"고 하는 판단이 들면 그때부터는 자녀는 부모 말을 안 듣는다. 부모 말을 신뢰를 안 한다. 부모가 하는 말이 정서 표현적인 말이든, 행동지침적인 말이든, 또는 정보제공적인 말이든 그 어떤 말이든, 자녀가 볼 때, "아, 우리 부모가 하는 말이 다 빈말이다!"—이런 판단을 내리게 되면, 그 때부터 자녀는 부모 말을 안 듣는다. 부모 말을 자녀가 안 듣게 되니 자녀 교육은 어렵게 된다. 자녀를 바로 키운다는 것은 물 건너 간 얘기가 된다. 이것은 극명한 논조이다. 일단은 자녀가 부모 말을 들어주어야지, "나는 너를 사랑한다"고 하는 정서 표현적 말이든, "남 흉보면 안 된다"고 하는 도덕적 지침을 제공하는 말이든, 아니면 "TV를 많이 보면 눈이 나빠진다"든지 하는 정보제공적인 말이든, 또는 이 세 가지 기능이 혼재된 말이든, 그 말이 자녀에게 먹혀들어 갈 것이 아닌가? 일단 말이 먹혀 들어가야 자녀를 교육하든 말든 할 것 아닌가?

그런데 자녀가 부모 말을 '빈말'로 여겨버리고 부모 말 자체를 안 들으려하니, 자녀 교육이 제대로 안되는 것이다. 될 수가 없는 것이다.

결국 자녀를 망가뜨리는 것이 있다면 그것은 부모이다. 부모의 '빈말'이다. 이론의 여지가 없다. 정서를 표현하는 말이든, 행동을 지시하는 말이든, 정보를 제공하는 말이든, 그 어떠한 말이든, 부모 입에서 떨어진 말은, 자녀들에게 있어서 단순한 말이 아니다. 이점을 좀 더 현실적인 예를 들어서 살펴보자.

성장기의 자녀에게 부모가 하는 말들은 다 '참'으로 간주된다.

아버지가 미국 출장 갔다오면서 '미국'을 선물로 사다준다고 했다고 하자. 아이는 그 말을 그대로 받아들인다.

우리들이야 누가 별을 따온다고 했다든지, 또는 미국으로 출장간 아무개가 '미국'을 선물로 사온다고 했다고 해도, 그 말을 은유로 이해한다. 비유로 새겨듣는다. 상징으로 알아차린다. 과장이구나! 강조 법이구나! 이렇게 고쳐듣는다. 그러나 아이들은 아니다. 아이들은 그 말들을 사실로 여긴다. '참'으로 간주한다.

상황이 이런데 삶이 따라주지 못하는 말을 부모가 남발할 때의 후유증은 크다. 처음에는 믿어준다. 그러나 그게 반복되면 아이들은 부모 말을 '빈말'로 여긴다.

이 '빈말'이 자녀들에게 미치는 파괴력은 가공할 만하다. 어느 정도냐? 말 다르고 사는 것 다른 부모의 '빈말'이 내내 지속되면, 아이는 부모를 부모로 여기지 않는다. 부모를 부모로 여기지 않으니 그들에게서 나오는 말은 험하다. 다음의 말들은 실제 예들이다.

"(속으로) 아니 저 사람이 정말 내 엄마 맞아? 뭐 저 딴 사람이 다 있어!"
"(속으로) 누가 컴퓨터학원 보내 달라고 했나?

괜히 자기가 좋아서 보내놓고, 지금 와서 왜 소
리지르고 난리야.”

“(속으로) 이제, 엄마한테 맞는 건 죽어도 싫다.
차라리 집을 나가야 되겠다.”

“(속으로) 아니 자기네들은 무엇이든 자기들 마
음대로 하고. 내가 뭐 쫄짜야 뭐야? 아, 나는 언
제 커서 어른이 되나!”

“(속으로) 저번에는 운동화 사준다고 그래놓고
안 사주더니! 이번에는 피자 사준다고 해놓고
자꾸 미루기만 하고 안 사주길래, 사달라고 약
속했으니 사달라고 했더니, 이렇게 날 두들겨
패. 엄마면 다야?
뭐 잘했다고 이렇게 패는 거야?”

“(속으로) 엄마는 순 거짓말 박사다!”

“(속으로) 아니, 잘 알지도 못하면서, 왜 의심부
터 하는 거야!”

“(속으로) 놀이 동산에 데리고 가겠다고 했으면
가야 될 것 아니야. 오늘은 바쁜 중에도 또 바쁜
날이라고? 순 거짓말쟁이.”

“(속으로) 아니, 아버지는 아홉 시에 들어온다

고 해놓고 새벽 한시에 돌아와도 괜찮고, 나는 학교서 한시간만 늦게 와도 두들겨 패고. 이게 뭐야! 맨날 두들겨 패려면 왜 날 낳았어.”

“(속으로) 엄마, 제발 나한테 골통이라고 하지 말아요. 내가 보기에는 엄마가 골통이에요!”

“(속으로) 또 사탕발림이 시작되는구나. 누가 또 속을 줄 알고!”

“아니, 영어, 주산, 피아노, 수영, 태권도 … 이게 다 뭐야! 날 뭘로 만들려는 거야! 왜 날 뺑뺑이 돌리는 거야! 어디 멀리 도망가고 싶다.”

“(속으로) 왜, 걸핏하면 애꿎은 머리 박을 쥐어박는 거야! 아휴, 나도 엄마 머리를 발로 쥐어박고 싶다.”

“설마 내 자식이 이런 말을 하는 것은 아니겠지.”―아니다. 부모가 말 따로 행동 따로 살면, 내 자식의 입에서라도 금새 튀어나올 수 있는 말들이다. 이유는 너무도 자명하다. 부모의 ‘빈말’ 이 지속되니, 자녀가 부모를 부모로 여기지 않아서 발생한 사태이다. 부모를 부모로 여기지 않으니, 패륜적인 언행을 부모에게 해대는 것이다. 이 때 아이 탓만을 할 수가 없는 상황이라는 것을 알아야 한다. 부모가 아이를 그렇게 만든 것이다. 여기에 부모의 '빈말'의 무서움이 있다.

　부모의 '빈말'이 주는 폐해가 어느 정도 심대한 지를 보여주는 예가 존대문제이다. 존대문제는 존댓말과 존대하는 마음의 문제이다.
　존댓말이 존대문제의 형태이다. 존대하는 마음은 존대문제의 내용이다.
　그런데 보자. 우리 아이들은 존댓말을 제법 쓴다. 문제는 존댓말은 하는데도, 막상 존대하는 마음을 가진 아이는 많지 않다는 점이다.
　이것은 마치 우리 아이들이 수학점수는 잘 맞는데 수학적 사고력은 없는 것과 마찬가지다. 논술점수는 고득점인데 막상 편지하나 쓰는데 끙끙거리는 것과 같다. 고질병이 존대문제에도 침투된 것이다.

그러면 보자. 아이들이 존댓말은 잘하는데, 왜 부모를 존대하는 마음은 없는가? 답은 자명하다. 부모의 말이 '빈말'인 때문이다.

원론적인 얘기이지만, 말에는 그 말을 쓰는 사람의 세계관이 들어있다. 세계관이란 말하자면 말하는 이의 생각이다. 즉 사물과 현상을 바라보는 입장의 어떠함이 세계관이다. 그런데 세계관은 말을 통해 형성된다. ㄹ이라는 언어를 쓰다보면, 그 언어에 담긴 ㄹ이라는 세계관을 전수 받게 된다. ㄴ이라는 세계관이 함의된 언어를 듣고 배우고 쓰다보면, 어느새 내 세계관도 ㄴ이 된다.

영어를 쓰는 사람의 세계관이 다르고, 한국어를 쓰는 사람들의 세계관이 다른 소이(所以)가 여기에 있다. 그러면 보자. 아이들은 부모의 말을 통해서 사물과 현상을 알아간다. 즉 아이가 말을 배우는 단계, 그리고 성장기를 거치면서 빈번하게 듣는 말이 부모의 말이다. 이래서 결국 아이는 싫으나 좋으나 부모의 세계관을 전수 받게 된다. 바로 이래서 부모로부터 어떤 말을 듣고 자라느냐 하는 것은 중요하다. 이것이 너무도 중요하기에 모어(mother language)라는 말까지 생겨난 것이다.

이것을 다른 말로 말하면 말하는 사람의 얼이 들어있다는 것이 된다. 더 나아가서 그 말을 쓰는 언어 공동체의 얼이 들어 있다는 것이 된다. 그렇기 때문에 자녀가 부모로부터 말을 배운다는 것은, 단순히 말만 배우는 것이 아니라는 것을 알아야 한다. 그러면 무엇까지 배우는 것이 되느냐? 얼까지를 배우는 것이 된다. 이런 면에서 아이가 부모의 말을 접한다는 것은 큰 사건이다. 말을 배우는 것은 그 말을 하는 부모의 세계관에 동참한다는 뜻이다. 아울러 그 말을 쓰는 공동체의 얼에 참여한다는 의미이다. 바로 이 때문에 부모 말은 중요하다.

문제는 지금부터다. 주지하다시피 우리 말

에는 존댓말이 정교하게 발달되어 있다. 아이들은 그 정교하게 발달된 존댓말을 부모로부터 배운다. 그래서 존댓말은 곧잘 한다. 그런데 왜 부모를 진정으로 존대하는 마음은 따르지 못하는가 하는 점이다.

왜 존댓말만 배우고, 존대하는 마음은 배우지 못했는가 하는 점이다. 존대의 얼이 함의된 말을 듣고 배웠으면, 존댓말만 할 것이 아니라, 존대의 마음도 배양되었어야 하는데, 왜 그렇지 못하는가 하는 것이다. 미스터리이다. 정말 미스터리다. 더구나 우리말은 다른 나라 말에서는 유례를 찾아보기 힘들 정도로 말에 존댓말이 발달 되어있지 않은가. 다음을 보자.

(1) 어머님의 마음은 깊으시고도 넓으시다.
(2) 가신 그분이 남기신 유업을 잊지 말자.

존댓말이 얼마나 정교한 지를 보여주는 예들이다. 위에서 보면 '―님' '―분' 등은 접사에 의한 존댓말이다. 다른 언어에서는 보기가 힘든 어법이다. 이 뿐이 아니다. 우리말에는 어떤 동사라도 끝 부분에 '－시－' 하나면 붙이면 존댓말이 된다. 그만큼 존댓말이 정교하다.

우리 아이들은 이렇게 정교한 존댓말을 가진 우리말을 부모로부터 듣고 배우고 자라났다. 그래서 존댓말도 곧 잘 한다. 그런데 왜 부모를 존대하는 마음은 없느냐 하는 것이다. 왜 형태만 배우고, 내용은 배우지 못했느냐 하는 것이다.

답은 자명하다. 부모들의 '빈말' 때문이다. 아버지가 '어른을 존대해라' 하면서도, 실제로 아버지는 어른을 함부로 대하는 것을 자녀가 목격한 것이다. 그래서 부모 말을 '빈말'로 간주한 탓이다. 그러니까 전적으로 부모의 '빈말'이 문제다. 부모의 책임이다. 바로 이래서 아이들이 존댓말은 하지만 존대하는 마음은 없게 된 것이다.

부모의 '빈말'이 미치는 파장이 얼마나 파

행적인 것인지를 보여주는 대목이다. 부모의
말은 반드시 '찬말' 이어야 한다.

4.2 정서를 표현하는 말
- 어떻게 해야 하는가

우선 자녀를 사랑한다는 말을 수시로 해야 한다. 부모의 사랑이 말을 통해서 제대로 전달되지 않으면 문제가 생긴다. 실상 부모자녀 간의 수많은 문제들이 여기서 야기된다고 할 수 있다. 물론 다음과 같은 반론이 있을 수 있다.

"자녀를 진정으로 사랑하면 그것으로 되지 않느냐?"

"자녀를 사랑한다는 것을 꼭 자녀에게 말로 표현해야 하느냐?"

"아니, 자식을 마음으로 사랑하면 되었지, 자식한테 어떻게 말하든 그것은 상관이 없는 문제가 아니냐?"

"남사스럽게 자식한테 사랑한다는 것을 꼭 말로 표현해야 하느냐? 그것은 너무 과시적이 아니냐?"

그러나 이 반론은 잘못이다. 생각해 보라. 자녀를 사랑한다는 것과 "사랑한다"고 자녀에게 말하는 것과는 동떨어진 게 아니다. "마음으로 사랑하고만 있으면 그게 진짜지, 말이야 아무렇게 해도 상관없는 것 아니냐."—이 말은 허구다. 알아야 한다. 누구를 사랑한다고 해서, 그 누구에게 말을 아무렇게나 해도 되는 것이 아니다. 절대 아니다.

이럴 진대 "사랑하는 마음만 있으면 충분하고, 말을 안해도 된다"는 것도 허구다.

예를 들어보자. 철수가 영희를 사랑한다고 하자. 그때 철수가 영희에게 "내가 너를 진심으로 사랑하면 되었지, 그까짓 말일 뿐인데, 너한테 어떻게 말하든 그것은 상관없는 것이 아니냐?"고 한다면 어떻게 되겠는가? 영희가 철수의 사랑을 의심하게 될 것은 뻔하다.

"아니 너를 진심으로 사랑만 하면 되었지, 우리끼리인데 너 한테 하는 말이야 이렇게 하면 어떻고 또 저렇게 하면 어떠냐."―아니다. 절대 아니다.

생각해보자. 하나님께서 우리를 사랑하셔서 아무 말씀도 안 하셨는가? 또는 하나님께서 우리를 사랑하셔서 아무 말이나 하셨는가?

아니다. 하나님께서는 우리를 사랑하셔서 말씀하셨다. 무한이신 하나님께서 우리를 사랑하시고 그것을 우리에게 말씀하시느라고, 그것도 우리가 알아듣게 말씀하시느라고, 예수 그리스도를 죽이시는 희생까지 치르셨다. 사랑하는 마음만이 전부가 아니다. 사랑하는 마음은 말로 표현이 되어야 한다.

마찬가지다. 자녀에 대한 부모의 사랑 역시 말로 표현되어야 한다. 그래야 자녀가 안다. 부모가 아무 말 안하고 가만히 있는데, 부모의 그 마음을 헤아릴 정도로 자녀들은 성숙하지 않다. 그러므로 사랑한다고 말을 해야 한다. 그래야 부모의 마음이 오해되지 않는다. 곡해가 안 생긴다. 그래야 자녀가 부모로부터 사랑의 양분을 공급받을 수 있다.

그리고 이렇게 부모로부터 사랑을 확인 받은 자녀는 쉽게 빗나가지 않는다. 빗나갔다가도 곧 돌아온다. 바로 돌아온다. 복구력이 빠르다. 그만큼 부모가 자신을 사랑하고 있다는 것을 안다는 것은 자녀에게 큰 힘이 된다.

문제는 역작용이다. 자신을 사랑하고 있다는 부모의 사랑의 정서가 자신에게 바로 전달되지 않았을 때 아이는 상처를 입게 된다. 사랑이 전달이 되어야 하는 자리에 사랑이 아닌 분노나 미움이 전달되었을 때, 아이는 심대한 타격을 받는다. 그런 심대한 타격을 입히는 말로 다음의 네 가지 부류의 언사에 대해서 살펴보자.

(1) 자녀에게 책임을 전가하는 말
(2) 자녀를 비하하는 호칭으로 부르는 말

(3) 자녀의 존재 자체를 거부하는 말
(4) 자녀에게 과도한 부담을 안기는 말

하나씩 살펴보기로 하겠다.

(1) 자녀에게 책임을 전가하는 말

"너 때문에 엄마아빠가 이혼한 거야. 알겠니?"
"너 오늘 왜 그래. 너 때문에 엄마 아빠까지 싸우게 되잖니! 너 때문에 좋던 집안 분위기가 이 지경이 됐어."
"너 때문에 생긴 일이다. 그러니 네가 책임져라."

자녀에게 책임을 전가하는 말들이다. 부모로부터 이런 말을 듣고 중압감을 받지 않을 아이는 없다. 문제는 이 중압감을 치유해주지 않을 때다. 그러면 그것이 그 아이의 일생을 따라 다닌다. 나중에는 집에 무슨 우환만 생겨도 그것이 자기 책임이라고 생각한다.

　부모가 이혼을 해도 실은 둘의 문제 때문에 이혼한 것인데도 아이는 자기 탓이라고 생각한다. 그래서 매사에 다음과 같은 생각에 빠진다.

“나 때문에 아빠 엄마가 이혼하게 됐다.”
“내가 공부 못해서 아빠 엄마가 이혼하게 됐다.”
“내가 너무 울어서 아빠 엄마가 이혼하게 됐다.”
“내가 말썽만 피워서 아빠 엄마가 이혼하게 됐다.”

　나쁜 생각은 확대재생산이 빠르다. 그래서 받는 죄책감도 커진다. 견디지를 못한다. 그래서 무슨 짓을 해서라도, 갈라선 부모를 자기가 다시 화합시켜야 한다는 생각을 하게 된다. 고전적인 예이지만 이래서 생기는 사건이, “엄마 찾아 삼만리” 같은 사건이다.
　어린 자녀에게 책임을 전가하면 아이가 자

라지 못한다. 성장이 안된다. 자기 주변에 잘 못된 일만 생기면 그것을 다 자기 탓으로 돌리는데 그래서 병적인 죄책감, 우울감에 빠지기 십상인데 아이가 건강하게 자랄 리가 없다.

부모 말, 조심해야 한다.

(2) 자녀를 비하하는 말

"이 바보 멍충아!"
"저리가, 이 아무짝에도 쓸데없는 놈아!"
"꼴통 주제에 수줍어하긴!"
"이 웬수야!"
"이 게으름뱅이야, 뭘 또 꾸물대!"

이들 말은 하나같이 다 자녀를 비하하는 말들이다. 자기 자식한테 이런 지독한 말을 퍼붓는 부모들이 있을까? 놀라지 말라. 의외로 많다. 문제는 부모한테 이런 말을 듣게 되면 앞서 여러 번 언급한 것처럼, 자녀는 자기를 진짜 '바보 멍충이'인 줄로 안다. 그래서 그렇게 '바보 멍충이'로 살아버린다. 그러다가 진짜 '바보 멍충이'가 되는 것이다. 무서운 일이다.

"넌 왜 그렇게 수줍어하니? 계집애같이!" – 내내 이런 말을 듣고 자란 아이는 자기가 정말 선천적으로 수줍어 하는 기질이 있다고 믿어 버린다. 그래서 수줍어하지 않아도 될 일에도 수줍어해 버린다. 그런데 수줍어하는 것을 봐주는 것도 한 두 번이지 매번 수줍어하는데, 어느 누가 그를 좋아하겠는가? 친구들로부터 따돌림받게 되는 것은 당연지사이다. 그래서 사람들과 어울리지를 못하게 된다. 그러다가 혼자 떠돌아다니게 된다. 알아야 한다. 자녀를 비하하는 말은 자녀를 몽둥이로 후려갈기는 것 보다 더 큰 해악을 입힌다. 자녀니까 어리석은 짓을 저지를 수 있다. 실수할 수도, 잘못을 되풀이할 수도 있다. 그렇다고 자식한테 '멍충이'니 '쓸데없는 놈'이니 하는 말을 하면 안된다. 입밖에 내서는 절대로 안된다.

이런 말을 해대면 자녀는 부모가 내뱉은 그 말에 묶여버리게 된다. 그러면 거기서 한 발짝도 벗어나지 못하게 된다. 그리고 들은 그 말대로 살게 된다.

자녀에게 하는 부모의 말! 조심하고 또 조심해야 하는 소이가 바로 이것이다.

(3) 자녀의 존재 자체를 거부하는 말

"아휴, 왜 태어났니? 왜 태어났어!"
"넌 태어나지 말았어야 할 애야. 알겠니?"
"전생에 무슨 웬수였길래 태어나서 에미를 이렇게 괴롭히니?"
"넌 내가 주어온 애야, 알겠니?"

자녀의 존재를 부인하는 말 역시 그 해악이 크다. 왜 그럴까?

자녀가 존재하게 된 것은 부모 때문이다. 부모가 있었기에 자신이 존재하게 된 것이다.

그런데 그 부모로부터 자기 자신의 존재를 거부하는 말을 듣는다고 생각해 보라. 마음에 큰 생채기가 아니 생길 수가 없는 것이다.

예민한 아이의 경우 부모로부터 그런 말을 듣고는 자살 충동까지를 받는다. 그렇지 않겠는가? 부모로부터 자기 존재를 부인하는 말을 들었다. 속된 말로 자신은 정말 다리 밑에서 주워온 존재인지 모른다!

그러니 어린 마음에 생채기가 안 생길 수가 없는 것이다. 이게 화근이 되어서 일이 벌어지는 것이다.

자녀 때문에 화가 날 수 있다. 속터질 일이 한두 가지가 아닐 수 있다. 그렇더라도 자녀의 존재를 거부하는 말은 하지 말아야 한다.

부모로서 자녀에게 할 말은 "네가 아무리 잘못했어도 너는 여전히 내 사랑하는 자녀다!" 이 한마디뿐이다.

(4) 자녀에게 과도한 부담을 안기는 말

"이 에미는 너 하나 믿고 산다. 너 하나 바라보고 산다."

"네가 우리 집 기둥이야. 우리 집이 일어서느냐 내려앉느냐는 네 어깨에 달렸어."

"넌 이제부터 다 안다. 모르는 것이 없다. 알겠니?"

"옜다, 책값. 이 에미가 뼈빠지게 번 돈 전부야. 열심히 공부해."

"너 하나 믿고 산다!"―자녀가 이 말을 들을 때, "부모가 나하나 믿고 산다니 감사하다" 이렇게 생각하는 아이는 없다. 그렇다고 이 말을 그냥 한 귀로 흘려버리는 아이도 없다. 그냥 흘려버릴 만큼 아이들은 아직 성장하지 않았다.

대신 아이들은 이런 말을 마음에 담아 둔다. 마음에 담아 둔 이런 말은 압박감을 낳는다. "부모의 기대를 저버려서는 안 된다"는 압박감이다. 그래서 부모를 섭섭하게 만드는 작은 실수에도 자괴한다. 자학한다. 인생이 즐거울 리가 없다.

　심지어는 결혼도 부모를 기쁘게 하려고 한다. 자기가 좋아하는 배우자하고 결혼하지 않는다. 못한다. 부모가 좋아한다고 생각되는 배우자하고 결혼한다. 부모를 기쁘게 하기 위해서이다. 그 결혼 생활이 원만히 이루어 질 리가 없다. 그래서 결혼 생활에 큰 문제가 생겨도 그저 부모가 알까 쉬쉬한다. 봉합하기에 급급한다. 그 문제가 부모에게 알려져서 부모를 실망시킬까 두렵기 때문이다.

　이상에서 우리는 아이에게 부모의 사랑의 정서가 자신에게 바로 전달되지 않았을 때, 사랑이 전달이 되어야 하는 자리에 사랑이 아닌 분노나 미움이 전달되었을 때, 아이가 어떻게 심대한 타격을 받는 지를 살폈다. 부모 말! 조심해야 한다.

4.3 행동을 지시하는 말
- 어떻게 해야 하는가

행동을 지시하는 말을 통해서, 아이들은 옳고 그른 것을 판별할 수 있는 힘을 배양 받는다. 말하자면 아이들이 도덕적 존재로 성장케 될 수 있는 것은 부모의 이런 행동 지시적 언사에 의해서이다. 그런데 이 기능은 대략 다음과 같은 두 가지 어법을 통해서 달성되는 것으로 보인다.

(1) 반성어법—옳고 그른 것을 분별하게 함
(2) 약속/단언어법—자신이 한 말을 삶의 맥락에서 실천하게 함

(1)의 반성어법부터 살펴보기로 하자.

　반성어법은 자녀로 하여금 자신이 한 행동에 대해서 그게 잘못이었다고 시인토록 하는 어법이다. 자, 자녀가 무엇을 잘못했다고 하자! 몇 번 지적했는데도 매번 그 잘못을 범하고 있다 하자.

　이때 부모가 귀찮다고 해서, 아무 말도 않고 넘어 가버리면 자녀는 자기가 한 그 행동이 잘못인 줄을 모르게 된다. 아니 한 술 더 떠, 자기가 한 그 행동을 잘한 일인 양 간주해 버린다.

　그렇지 않겠는가? 자신이 한 그 행동에 대해서 부모가 아무런 터치를 안하니까, 그 행동이 잘한 일이라고 오인해 버리는 것이다.

　오인은 오작동을 낳는다. 그래서 그 행동을 되풀이한다.

　반성어법은 이를 방지하는 어법이다. 그 행동에 대해서 부모가 그것이 잘못이라는 것을 지적하고 따라서 반성을 요구하게 되면, 아이는 자기가 범한 그 행동이 잘못임을 알고 깨닫게 된다. 시인하게 된다.

그리고 반복해서 저지른 것은 더 잘못이라는 것을 알게 된다. 바로 이것이 중요한 점이다.

물론 자기가 한 행동이 잘못임을 시인한 뒤에도 자녀는 똑같은 일을 이후에도 되풀이할 수 있다. 그러나 부모로부터 아무런 반성을 요구받지도 않은 상태에서 그 행동을 반복해서 범하는 것하고, 일단 부모로부터 반성을 요구받고 시인한 후에 또 그 행동을 범하는 것하고는 천양지간의 차이가 있다. 브레이크 풀린 차하고, 브레이크가 들어간 차 하고의 차이 이상이다.

바로 이래서 자녀가 저지른 어떤 행동에 대해서 그 행동이 잘못인 경우에는 부모가 자녀로 하여금 반성의 말을 요구하는 것은 아주 중요하다. 그래야 아이가 도덕적 존재로 성장해 나가게 된다.

이제 (2)의 약속/단언어법에 대해 살펴보자.

약속/단언어법 중에서 약속어법은 아이에게 어떤 사항을 약속하게 하는 어법이다. 약속이란 무엇인가? 약속이란 무엇을 하겠다고 부모에게 다짐하는 어법이다. 그런데 아이가 자기가 좋아하는 것을 하겠다고 약속하는 경우란 드물다. 자기가 좋아하는 것을 하려면 부모에게 약속하고 말고가 없다. 그냥 자기 혼자 해버리면 되기 때문이다. 가령 TV를 예로 들어보자. 아이들은 TV를 좋아한다. 그래서 TV를 한없이 보고 싶어한다. 따라서 TV를 내 맘대로 보겠다고 약속하는 아이는 없다. 그래서 약속어법은 실은 자기가 원하는 것이지만, 그것을 자제하겠다는 쪽에만 유효하다. 그러니까 부모들은 약속을 받는 쪽이다. 부모들은 아이가 TV를 적당히 보기를 원한다. 약속어법은 이 경우에 유효한 어법이다.

자녀로 하여금 "이제부터는 TV를 하루에 한시간만 보겠다"는 약속의 말을 자녀로부터 받아냄으로 비록 이후에 아이가 TV를 더 보고 싶더라도, 자기가 약속한 게 있기 때문에 그 약속에 자기가 구속되는 효과를 아이에게 준다. 즉 그 약속을 부모에게 했다는 것은 일단 그 아이에게 심적 부담을 안긴다. 때문에 결국에는 자기가 부모에게 건넨 약속의 말을 실천에 옮기도록 하는 구속력을 발휘하게 한다. 이런 과정을 거쳐서 아이들은 한 걸음 한 걸음 도덕적인 존재로 성장되는 것이다.

물론 아이가 약속의 말을 부모에게 해놓고도 지키지 않을 수 있다. 그렇다 하더라도 아이로부터 약속을 유도하는 것이 좋다. 부담은 행동을 낳기 때문이다. 이게 바로 약속어법이다.

약속어법보다 좀 공개적인 것이 단언어법이다. 단언이란 공개적인 것이다. 단언을 혼자서 하는 사람은 없다. 다분히 공개적이다. 따라서 더 강제력이 있다.

부모에게 무엇을 단언한 아이는, 실천의 압박을 받게 된다. 단언하기 전까지는 어떤 것을 하겠다는 것도 아니고 안 하겠다는 것도 아니었다. 유동적이었다. 그러나 일단 부모에게 공개적으로 단언을 하고 나면 그것을 지켜야된다는 부담이 아이에게 생성된다. 물론 안 지켜도 된다. 그러나 여러 차례의 시행착오를 거쳐 단언한 것을 지키지 않았을 때, 받는 대가가 쓰다는 것을 알게 된 자녀는 여하튼 단언을 지키려고 한다. 또는 이후에는 쉽게 단언하지 않으려 한다. 당연히 책임질 수 있는 것만 단언하게 된다. 이것이 단언어법의 유익이다.이것이 반복되면서 결국은 책임질 수 있는 것만 단언하는 아이로 성장하게 된다. 뻥치고, 과장하고, 과시하고 하는 언사는 자제할 줄 아는 아이로 성장해 나가게 된다. 어법을 통해서 아이들은 도덕적 존재로 성장해 나가게 되는 것이다.

4.4 정보를 제공하는 말
– 어떻게 해야 하는가

　말은 다음과 같은 세 가지 요소로 구성되어 있다.

(1) 말
(2) 그 말의 뜻
(3) 그 말의 뜻이 지시하는 대상

　'책상'을 예로 들어보자. '책상'이라는 말과, '책상'이라는 말이 가진 말의 뜻, 그리고 '책상'이라는 말의 뜻이 지시하는 대상—이 삼각 관계를 자녀에게 설명해주는 것이 정보 제공적 기능이다. 부모의 이런 말을 통해서 자녀가 세상의 사물과 현상에 대한 지식을 차

츰 습득해 나가게 된다는 것은 이미 앞에서 개관한 바이다. 따라서 정보제공적인 언사가 아이에게 끼치는 유익은 이루 말할 수 없다고 할 수 있다.

그런데 문제가 생길 수 있다. 아이들이 궁금해서 물어오는 것을 부모가 제한시킬 때이다.

아이들은 알고 싶은 게 많다. 그런데 아이들이 알고 싶어하는 대상들을 대별하면 대략 둘로 나뉘어진다. 하나는 구상적인 대상이다. 자동차, 비행기, 과자, 사과, 선생님, 학교, 산, 물, 차 등등에 대해서 알고 싶어서 물어오는 경우다. 또 하나는 추상적인 대상이다. 평화, 사랑, 미움, 모정, 우정, 연정 등등이 무엇을 의미하는지 궁금해서 그것을 물어오는 경우다.

어떤 경우든 아이들이 알고 싶어해서 물어오는 것을 제한 받을 때 문제는 야기된다. 물론 부모가 보기에 자녀가 물어오는 것이 너무 유치한 것일 수도 있다. 망상에 지나지 않는 것을 물어 올 수 도 있다.

그러나 아이들이니까 그렇다고 이해를 해야 한다. 나무라서는 안된다.

가능한한 성실히 답해주어야 한다. 성실히 대답해주면 아이들은 흡족해한다. 흡족함은 신뢰를 낳는다. 그것을 성경은 "입맞춤"이란 말로 교훈하고 있다.

"적당한 말로 대답함은 입맞춤과 같으니라" (잠 24:26)

이치가 이런데도 답도 해주지 않으면서, "어린애가 뭘 그런 것을 물어, 쓸데없이." "아니, 왜 꾸물거리는 거야. 질문하려는 것이 뭔지 정확하게 말할 수 없니?" 하는 식으로 아이를 나무라면 그것은 아이의 지식 습득 의욕을 저하시키는 결과를 초래한다.

그렇지 않겠는가? 아이가 부모한테 뭘 물어봤는데 오히려 핀잔을 받고 나면 그리고 그런 핀잔을 반복해서 겪고 나면, 아이는 그 다음부터는 부모에게 질문을 하려 하지 않는다. "괜히 부모에게 질문했다가 야단맞느니 차라리 부모가 하는 말이나 고분고분 듣자." 부모가 말하는 것 이상 묻지도 말고 알려고도 하지 않는 것이 상책이다." ―이렇게 되어버린다. 이래가지고 마마보이가 되는 것이다. 조그마한 일에 대해서도 스스로 생각해서 처리할 수 있는 일임에도 불구하고, 부모의 처분만 기다린다. 부모한테 핀잔듣지 않기 위해서다.

"엄마, 물이 쏟아졌어요."
"엄마, 동생이 침대에서 떨어졌어요."
"엄마, 대문이 열려 있어요."
"엄마, 가스 렌지가 켜 있어요."
"엄마, 밥 먹여줘요."
"엄마, 테레비켜줘요."

아이가 왜 이렇게 되느냐? 과거의 경험으로 비춰볼 때 자기가 뭘 부모에게 물어봤다가 부모에게 핀잔 받은 게 한두 번이 아니기 때문이다. 그래서 혼자서 무엇을 탐구하고 생각하고 질문하고 그러지 않는다. 그러다가 부모한테 야단맞은게 한두번이 아니다. 차라리 꼼짝 않는 게 낫다고 생각해서다. 성경은 아이를 이렇게까지 움츠리게 만드는 것을 악한 일이라고 말하고 있다.

"의인의 마음은 대답할 말을 깊이 생각하여도 악인의 입은 악을 쏟느니라" (잠 15:28)

아이들은 궁금한 게 많다. 인정해야 한다. 궁금해하는 대상도 제한이 없다. 그래서 자꾸 이것저것 알고 싶어서 물어온다. 이것을 이해해야 한다. 일일이 답해주는 것이 귀찮을 수 있다. 그렇다고 성내면 안된다. 귀찮다고 팽개치면 아이를 격동케 만든다. 그래서 성경은 다음과 같이 경고하고 있다.

"유순한 대답은 분노를 쉽게 하여도 과격한 말

은 노를 격동하느니라” (잠 15:1)

성실히 대답해주어야 한다. 대답을 못할 사안들도 있을 수 있다.

나중에 알아봐서 답해주겠다고 하면 된다. 그런다고 부모의 권위가 깎이는 것은 아니다. 모르는 것을 모른다고 말하고 추후에 알아봐 가지고 답해주겠다고 하는 것이 무슨 체면이 깎일 일인가? 아니다.

논점은 이것이다. 부모의 말은 중요하다. 특히 유아기, 사춘기, 청년기를 지나는 자녀에게 하는 부모의 말은 중요하다. 그렇지 않겠는가? 더구나 의사소통 방식의 특이성을 볼 때, 더 그렇다. 앞에서 말한 것처럼 인간의 의사소통 방식에는 두 가지가 있다. 다음이 그것이다.

(1) 일방 의사소통 방식
(2) 쌍방 의사소통 방식

(1)은 한 사람은 주로 말을 하고, 나머지 한 쪽은 주로 듣게 되는 방식이다. (2)는 말하는 사람과 듣는 사람이 수시로 바뀌는 방식이다.

말하는 사람이 듣는 사람이 되기도 하고, 그랬다가도 다시 말하는 사람이 되기도 한다. 말하자면 호환적이다. 교차적이다.

그런데 유아기, 사춘기, 청년기의 자녀와 부모와의 의사소통 방식은 (1)의 방식이다. 부모가 주로 말하는 편이다. 자녀는 주로 듣는 쪽이다. 그래서 이 기간에 의사소통이 중단되는 것은 부모 책임이다.

자녀가 부모 말에 코방귀도 안 뀌는 일이 발생할 수 있다. 주로 부모 쪽 책임이다.

그런데 말이 중단되게 되면, 그 폐해는 크다. 부모의 말로부터 얻을 수 있는 정서 표현적, 행동 지시적, 정보 제공적 유익들을 제대로 받지 못하게 된다. 아이의 성장이 제약을 받게 되는 것은 당연지사다.

아이가 사랑을 알고, 정의에 대한 믿음을

가지며, 감사할 줄 알고, 어려운 상황 속에서도 자신감과 자긍심을 가지며, 진실할 줄 알며, 목표와 효를 중요하게 생각하며, 남에게 관대하고, 사람 존중할 줄 아는 존재로 커나가는 것이 다 부모의 말을 통해서인데 이것이 중단되면, 폐해는 크다. 그래서 부모의 말이 그 아이의 장래의 어떠함을 결정한다고 한 것이다.

"죽고 사는 것이 혀의 권세에 달렸나니 혀를 쓰기 좋아하는 자는 그 열매를 먹으리라" (잠 18:21)

결론이다. 이제부터라도 자녀에게 말을 바로 하기를 소원해야 한다. 우선 이렇게 하자. (1) 그 동안 부모로서 자식에게 함부로 말해왔던 것이 있으면 하나님께 자백하자. (2) 그런 다음, 다음에 제시되는 하나님 말씀을 매일 읽고 묵상하고 외우자. (3) 이 말씀들이 내 마음에 있는 자녀에게 함부로 말해왔던 악한 습관을 몰아내기를 기대하자.

자녀에게 바로 말하는 새 습관이 형성될 것을 소원하자. 그 때까지 이들 말씀들을 매일 매일 묵상하자. 그리고 많이 기도하자.

○ 네 입의 말로 네가 얽혔으며 네 입의 말로 인하여 잡히게 되었느니라 (잠 6:2)

○ 내가 너희에게 이르노니 사람이 무슨 무익한 말을 하든지 심판날에 이에 대하여 심문을 받으리니 네 말로 의롭다함을 받고 네 말로 정죄함을 받으리라 (마 12:36-37)

○ 사람은 그 입의 대답으로 말미암아 기쁨을 얻나니 때에 맞은 말이 얼마나 아름다운고 (잠15:23)

○ 근심이 사람의 마음에 있으면 그것으로 번뇌케 하나 선한 말은 그것을 즐겁게 하느니라 (잠 12:25)

○ 선한 말은 꿀송이 같아서 마음에 달고 뼈에 양약이 되느니라 (잠 16:24)

○ 무릇 더러운 말은 너희 입 밖에도 내지 말고 오직 덕을 세우는 데 소용 되는 대로 선한 말

을 하여 듣는 자들에게 은혜를 끼치게 하라
(엡 4:29)

○ 누추함과 어리석은 말이나 희롱의 말이 마땅
치 아니하니 돌이켜 감사하는 말을 하라 (엡
5:4)

○ 의인의 마음은 대답할 말을 깊이 생각하여도
악인의 입은 악을 쏟느니라 (잠15:28)

○ 네 혀를 악에서 금하며 네 입술을 궤사한 말
에서 금할지어다 (시 34:13)

○ 분외의 말을 하는것도 미련한 자에게 합당치
아니하거든 하물며 거짓말을 하는 것이 존귀
한 자에게 합당하겠느냐 (잠 17:7)

○ 그러므로 생명을 사랑하고 좋은 날 보기를
원하는 자는 혀를 금하여 악한 말을 그치며
그 입술로 궤휼을 말하지 말고 (벧전 3:10)

○ 유순한 대답은 분노를 쉬게 하여도 과격한
말은 노를 격동하느니라 (잠 15:1)

○ 입을 지키는 자는 그 생명을 보전하나 입술
을 크게 벌리는 자에게는 멸망이 오느니라
(잠 13:3)

○ 명철한 사람의 입의 말은 깊은 물과 같고 지혜의 샘은 솟쳐 흐르는 내와 같으니라 (잠 18:4)

○ 말을 아끼는 자는 지식이 있고 성품이 안존한 자는 명철하니라 (잠 17:27)

○ 입과 혀를 지키는 자는 그 영혼을 환난에서 보전하느니라 (잠 21:23)

○ 미련한 자의 어리석은 것을 따라 그에게 대답하라 두렵건대 그가 스스로 지혜롭게 여길까 하노라 (잠 26:5)

○ 어리석은 자는 그 노를 다 드러내어도 지혜로운 자는 그 노를 억제하느니라 (잠 29:11)

○ 입을 열어 지혜를 베풀며 그 혀로 인애의 법을 말하며 (잠 31:26)

○ 찢을 때가 있고 꿰맬 때가 있으며 잠잠할 때가 있고 말할 때가 있으며(전 3:7)

○ 네가 언어에 조급한 사람을 보느냐 그보다 미련한 자에게 오히려 바랄 것이 있느니라 (잠 29:20)

○ 혹은 칼로 찌름 같이 함부로 말하거니와 지

혜로운 자의 혀는 양약 같으니라 (잠12:18)

○ 말이 많으면 허물을 면키 어려우나 그 입술을 제어하는 자는 지혜가 있느니라 (잠 10:19)

○ 사연을 듣기 전에 대답하는 자는 미련하여 욕을 당하느니라 (잠 18:13)

○ 너는 하나님 앞에서 함부로 입을 열지 말며 급한 마음으로 말을 내지 말라 하나님은 하늘에 계시고 너는 땅에 있음이니라 그런즉 마땅히 말을 적게 할 것이라 (전 5:2)

○ 누구든지 스스로 경건하다 생각하며 자기 혀를 재갈 먹이지 아니하고 자기 마음을 속이면 이 사람의 경건은 헛것이라 (약 1:26)

○ 내 사랑하는 형제들아 너희가 알거니와 사람마다 듣기는 속히 하고 말하기는 더디 하며 성내기도 더디 하라 (약 1:19)

이 말씀을 가지고 다니자. 매일 읽고 외우자. 하나님 말씀에는 나의 말버릇을 고치는 초자연적인 능력이 있음을 믿자. 이 말씀들이 나의 말버릇을 고쳐줄 때까지 매일 묵상하자. 외우자. 그리고 많이 기도하자. 머지않아 새롭게 변화된 나의 말을 보게 될 것이다. 그리고 그 말이 자녀를 성공으로 인도하고 있는 것을 목도하게 될 것이다.

지은이 / 유동준(Th.M., Ph.D.)

지은이는 1956년 생으로 연세대, 연세대대학원, 미국 미시간주 칼빈신학교, 미국 오하이오주립대학원에서 공부했으며, 이민교회인 충실장로교회를 담임해서 목회한후, 현재는 미국 Presbyterian Theological Seminary 신약학 교수로 있으면서 이 학교와 다른 신학교에서 신약개론, 신약신학, 바울서신, 옥중서신 등을 강의하고 있다.

지은 책으로는 「남편이 살아야 가정이 산다」「실직은 기회다」「말씀대로 살면 인생이 즐겁다」(이상 국민일보사)「서초동에서 천국까지」「설교자를 위한 언어학」「마지막 안녕이라고 말하는 것은 슬픕니다」「예배, 어떻게 드리고 계십니까」「하나님의 브레이크」「이런 부모가 자녀를 성공시킨다」「돈, 돈이란 무엇인가」「성경어휘의미론」「예수를 닮기 원하는 사람이 예수님께 배워야 할 성품들」「이혼, 꼭 하시렵니까」「보이지않는 당신의 내면 세계를 정돈하라」(이상 쿰란출판사)「죄를 끊자」「야곱평전」「기도를 바로 알면 인생의 매듭이 바로 풀린다」「아이의 인생에 뼈대를 세워주는 노아」「사람을 바꾸는 말의 힘」(이상 최선의 삶)등이 있으며, 성경의 가르침이 실생활과 어떻게 연결되는가 하는 점을 권면함으로 그리스도인들을 섬기는 사역을 평생의 업으로 삼고 있다.

자녀의 성공은 부모의 말에 달려있다

지은이   유동준
펴 낸 이   김민영
펴 낸 날   2001. 10. 5.
6쇄발행   2008. 1. 25.
등록번호   제22-1453호
펴 낸 곳   도서출판 최선의 삶
           (우 137-876) 서울시 서초구 서초동 1589-5
           센츄리 오피스텔 511호
전   화   587-4737
팩   스   587-4733
* 책값은 표지에 있습니다.
ISBN   89-88657-16-0
총   판   (주)기독교출판유통
전   화   (031)906-9191

E · Mail: Malipres@hitel.net
최선의 삶은 독자의 의견에 항상 귀기울이고 있습니다.